툴라의 머리카락

한승홍 6시집

문학공원 시선 206

툴라의 머리카락

한승홍 6시집

문학공원

序詩

시

- 시성과 문학의 장르에서

전통의 틀로 주형 된 시
판박이 형식은 신조이거나 이념

1
진솔하게 읊어가는 삶에서
시성의 무게감이 인상되리라
자연에 몸을 던졌을 때
창작의 순수성이 느껴지리라

2
스치고 지나간 냇물을 그리며
물망초는 기다림의 나날을 보내지만
냇물은 새로운 환경에 취하여
내일을 대망하며 흘러갈 뿐

3
현실과 이상을 엮어가며
고유의 가락을 읊조리려 해도
기계주의적 언어로 조립된 시에서
시성을 찾을 수 있으랴

4
전통과 형식의 틀을 깨고
정제된 언어로 결정(結晶)된 시
창작의 자유는 오직 거기에서만
순수 문학성을 누릴 수 있으리라

노예화된 시계(詩界)에서 해방
꿀과 향기가 넘치는 꽃밭이여

차례

2부 오후의 커피 한 잔

3부 마음속 초상화

4부 언약의 입맞춤

5부 농익은 가슴

1부

던져진 주사위

꽃잎은 졌지만

밤안개 깊이 내리던 밤
별 품은 꿈에 안겨
밤새며 마음을 섞곤 하던
그대를 어찌 잊으리오
잊으려 해도 잊히리까

꽃잎은 졌지만
봄볕에 따사로이 다가와
나를 포근히 감싸주던
그 마음, 그윽한 향기에
나, 아직도 취해 있다오

그대도 알고 있으리라
이 모두가 우리라는 것을

극락이 있으려나

1

보릿고개 땐
이밥에 고깃국이 꿈이라더니
성인병 위험 진단받곤
다이어트 식품과 풀떼기 죽으로
비리비리한 몸을 되찾는 게
꿈이라나 뭐라나
세상이 별스레 돌아가누나

2

역설의 역설은 무상무념일 뿐
한 치 발 앞은 수렁의 나락
돌부처는 눈을 감고
아직도 극락을 꿈꾸는 듯
그런데 참으로 극락이 있으려나

사람과 사람 사이

현자들 가운데 어떤 이는
진선미를 참삶이라 가르쳤지만
그 너머 범속한 것에 참이 있지 않으랴

삶은 존재하려는 의지였고
사람과 사람 사이에서
사람으로 살아갈 수 있는 것
그 이상은 꿈속의 무지개

티끌 같기도 하고
미물 같기도 하고
존재하는 비존재 같기도 한
투명한 그림자, 나에겐
무지개가 그저 색의 분광일 뿐

진선미,
지상 지고의 참이란
삶의 범주에서는 무의미한 억설(臆說)
오늘이 불확실한 상황에서
내일도 오늘 같은 상대무(相對無)일 테고
삶을 채워갈 수 없는 공(空)이리니

던져진 주사위

- 시간과 공간의 관계 사이에서

시간이 공간 속에서 시간화되면
남겨놓은 흔적은 역사가 된다
역사는 해석으로 성을 쌓고
그 속을 신화로 꾸며놓는다

공간이 시간 속에서 공간화되면
남겨놓은 흔적은 사실이 된다
사실은 현상으로 집을 짓고
그 속을 실체로 꾸며놓는다

시간과 공간의 관계 사이에서
인간은 던져진 주사위일 뿐
누구의 손에 주사위가 들려있는지
아무도 그 손을 본 사람이 없다

시와 시인의 세계관

개벽의 아침은 빛으로 열리고
빛은 관계로 세상을 채워간다
그 울타리에선 생명이 너울이고
시와 음악과 자연이 조화를 이루며
세계를 빚어가고 있다

삶
관계로 존재하는 생명

만남과 헤어짐도, 기쁨과 슬픔도
자연과 환경도, 사회와 사상마저도
서로 밀고 당기려는 관계
이 힘으로 우주가 존재하고
삼라만상이 실재하지 않는가

현상에 대한 인식의 차이가 있지만
시인도 세계를 관계의 실체로 조각한다
연인과 왈츠와 포도주
시성(詩性)의 동인으로
누가 이 관계를 부정할 수 있으랴

테미스여

- 그대의 천칭과 검은 어디에 있는가

피란 시절
서로 사는 게 어려웠지만
살내음이 배인 온정이 넘쳐
살맛이 났다

상인들의 찰진 정도
장터를 밝게 채워줬다
저울이 기울일 정도로 덤을
얹혀주고 눌러주던 시절
그땐 어디를 가도
양심이 저울이었다

오늘날 법전(法典) 난수표로
저울질하는 손에
깃털만큼의 양심이라도 들려있다면
법은 값에 충실했을 텐데
테미스여*
그대의 천칭과 검은 어디에 있는가

---

* 그리스 신화에 등장하는 "법의 여신". 눈을 가리고 천칭(天秤)과 검을 쥐고 있다. 좌우 살피지 않고 법대로 정확하게 심판한다는 의미. 하늘의 신 우라노스와 땅의 신 가이아 사이에서 태어난 딸.

현상의 갈림길에서

어둠 속 적막에 잠든 천지에
서서히 열리는 새벽의 찰나
빛이 희뿌연 안개를 걷으며
또 하루의 이야기를 엮어간다

내가 이곳을 다시 찾았을 땐
강물만 흘러갈 뿐
인적도 끊겨 황폐한 대지에
누런 흙바람만 일고 있었다

기억이 아스라한 아주 오래전
그 시절의 낯익은 산하
야생화 무성했던 초원 언덕에서
꽃 따던 구릿빛 소녀들

이젠 얼굴조차 잊혀 가는데
신화시대의 한 기원이었었는지
지금 나는 현상의 갈림길에서
어제와 오늘의 경계를 넘나들고 있다

툴라의 머리카락

열여섯 살도 채 안 되었을 때였지
그렇지 그때, 1961년
3년을 더 지나야 내 나이였으니

오랫동안 오간 연서엔
바람의 속삭임이 한 겹씩 쌓여갔지
그러던 어느 날 네 편지 속
금빛 머리카락 한 묶음은 눈이 부셨다
너의 몸과 마음, 영혼까지도 담긴
너 자신의 분신

툴라 시스토넨*, 순정의 소녀여
네 가슴에 내 심장을 넣어주고 싶었던
그러나 너와 나의 간격은 너무나 멀었지
북극권에 속한 땅, 핀란드
지구본을 돌리며 너에게 다가가곤 했던
그래도 그 시간은 너무 거룩했다

* Tuula Sistonen. 툴라는 바람을 의미한다.

바람

외로움 달랠 길 없어
살며시 찾아와
창문을 두드린다
영글어간 그리움에
촌음의 만남으로라도
전하고 싶은 속마음
하지만
불 꺼진 창가에 머물다
꽃 정원 한 자락에
눈물만 훌뿌리고
쓸쓸히 떠나려니
애절한 슬픔이 복받쳐
얼마나 가슴이 아렸으랴

야수의 전쟁터

100세가 넘는 철학자에게
80세가 넘으면 곡기를 끊어야지
그렇게 포효하던 젊음의 분노
시각에 따라 실재가 다르게 보일 터

팔십 성상을 쉼 없이 달려왔던 이 길
나는 마지막 숨결에
나를 쏟아내며
왔던 길 되돌아 태초의 나를 찾아간다

내일에는
고려장이 사회적 풍습이 될지, 아니면
사회가 늑대의 세계로 될지
사회는 어떤 형태로든지 되어가리라

토머스 홉스가 새롭게 다가온다
야수의 전쟁터에 참을 새기려

황태

잡혀 오며
고문당할 일을 생각하니
두려움과 공포심이 밀려왔다
현기증에 잠깐 어질한 사이
알 수 없는 나락으로 내던져지며
몸이 골병들어 넋이 빠져나갔다

저승길 나그네 되어
내 육신을 내려다보니
눈물도 말라 버렸다

아가리를 꿰어 빨래 널 듯
덕장에 줄을 맞춰 걸어놓고
북풍 눈 비바람을 맞힌다
해 뜨면 녹고 밤 되면 얼면서
내 몸은 미라가 되어갔다

저 잔인한 인간들

한 쾌씩 묶어 장터에 팔아넘긴다
아낙네들 장바구니에 얹혀 어디론가 갔다

아아 이럴 수가
미라가 된 몸
마른 송장의 머리를
식칼로 내리쳐 잘라내고
가죽을 통째로 벗겨내곤
다듬잇돌 위에 올려놓고
살점이 으스러지도록 방망이질을 한다
살점을 뜯어내어 양푼에 담다가
몇 점씩 씹으며 입놀림을 한다
간장을 붓고 주물럭거리다가
고춧가루 참기름 깨와
몇 가지 양념을 더 넣고 조물조물 묻힌다
아, 이 쓰라린 고문
내려다보다 끝내 눈을 돌렸다

으스러진 살점 한 무더기엔 부침가루를 뿌리고
달걀물로 옷을 입혀 전을 뜬 다음
기름 두른 무쇠 지짐판에 몇 점씩 놓고
노릇하게 되도록 불고문을 했다

며칠이 지나고 내 머리와 가죽은
주색질로 밤샘하고 온
주인영감 조반상에 해장국으로 올려졌다

이제 그 시절은 오지 않으리

얼음 지치다
썰매 서로 바꿔 타다
팽이치기로 추위 잊던
동무들은 어디로 가고
산천엔 인적이 없네

이제 그 시절은 오지 않으리
하지만 내 마음은
지치던 얼음이 녹고
복사꽃 피던 마을
개울가에 머물러 있다네

바람 소리만 침묵을 깨며 흐르고 있다

양들이 아주 거칠게 움직이다
생존하려는 몸부림은 잠재된 본능
이 현상을 생태적 기제(機制)의 변이로 보아야 하나
환경이 빚어가는 유전자 변형으로 보아야 하나

초원을 기습한 늑대 떼
날카로운 이빨을 양들의 숨통에 꽂는다
선혈이 낭자한 산기슭에선
비탄의 함성이 대지를 뒤흔든다

아, 이를 어찌 할고
아, 이를 어찌 할고

밤이 깊어간다
피비린내가 어둠에 흩어진다
바람 소리만
침묵을 깨며 흐르고 있다

현상과 가상의 질곡에서

어제
성모의 온천에서 보낸
열 달

오늘
시계의 영롱한 몸짓
그 속에서 이어지는
내던져진 삶
현상과 가상의 질곡에서
꿈틀대는 시계의 초침

내일
심산계곡에서
살려고 몸부림치며
발 디딜 땅 한 뙈기 찾아
진액을 쏟고 있는
나그네의 숨넘어가는 소리

하지만
태초의 지금은
거룩한 빛 속에서
새로운 세계를 열리라

아무도 가보지 못한 곳
거기에서 시간은
무한 속 궤도 위를 달리는
영원이리라

그렇게 믿는 것
아니, 그렇게 믿고 싶은 것
그건 나는 신앙

황야에 바람 부는 날

꽃 한 송이
우아하게 피었다
황야에 바람 부는 날
먼 길 떠나고
남겨진 건
내 가슴에 머물러 있는
향기뿐이어라

탈바꿈

그리움
어제에 감치인 지금

추억
지금에 담겨진 어제

연정
자아를 초월한 영겁

나
시공이 하나 된 양태

내 영혼, 봄에 지지 않으리

아카시아꽃 언덕에
팔베개하고 누워
시 가락을 읊조리며
봄 향기에 취했던 게
언제였던가

세월은 거슬러오지 않건만
나는 아직도
아카시아꽃 언덕에
팔베개하고 누워
시향(詩饗)에 취해간다

이 달콤한 봄의 속삭임이여
내 영혼, 봄에 지지 않으리

이방 지대의 나그네

호수처럼 맑은 눈은 나를 품고
잔물결로 파도친다

눈가에 새겨진 그윽한 속맘

오늘이 가면 모든 게 변하련만
너와 나는 이방 지대의 나그네

이 밤엔 깊은 잠, 꿈길 거닐며

헤어지며
아름다웠던 날들을 회상해본들
눈물만 차오른다
잊으려 해도 잊히지 않는
이별의 아픔을
내 얼마나 더 견뎌야 하나

어제와 오늘 사이
끊어질 듯 이어지곤 했던
행복의 외줄
이 밤엔 깊은 잠, 꿈길 거닐며
봄을 노래하던 한 자락의 행복에라도
머물고 싶다

2부

오후의 커피 한 잔

바닷가 모래 위에 그려본 얼굴

저녁놀 외로운 맘 달랠 길 없어
바닷가 모래 위에 그려본 얼굴
그리고 그려도 아무 말 없네
한마디 가냘픈 목소리라도
그러나 침묵의 여운 속에
파도 소리만 아스라이 들려오누나

한 떨기 흰 백합화

한 떨기 흰 백합화
저 가녀린 몸에
언제부턴가 그리움이 서려 있었다
그런데 내 어찌 그 속맘을 몰랐던가

그대여 이제부턴 내 품에 안겨
맘껏 꽃을 피워라
그대의 몸, 순결한 향기로
나를 취하게도 해다오

너무나 외로웠던 그대였기에
나 그대에게 약속하리라
그대가 원한다면 내 가진 것
내 삶 온 통이라도 내주겠노라고

이제 곧 새날이 동터오리니
어제의 아픔도 외로움도 흘려보내라
내가 그대의 마음이 되리니
그대의 꽃빛 눈에서 눈물을 거두어라

별을 품은 꿈으로라도

소년 시절엔 꿈이 무지갯빛이었는데
중년엔 무지개가 하얀 꿈이 되었네
지금은 편안하게 잠드는 게 꿈이로세

젊어서는 내일을 잡으러 달려갔으나
세파에 휩쓸려 길 따라 유랑하다
팔순 고갯길에 서니 어제에 머물고 싶구나

팔십 성상에 남겨진 건
분홍빛 감치는 얼굴, 얼굴들
마음을 적셨던 밤과 눈물과 별과 바람
바로 어제 같은 시간의 나이테
거기에 한 겹씩 차곡히 쌓인
저 벗들의 가슴과 거친 숨소리
늦가을 낙엽길 걸으며
싱그럽던 얼굴들이 추상화로 밟힌다
더러는 밤하늘 별이 됐을지도…

이젠 비워가는 이 가슴을 무엇으로 채우랴
별을 품은 꿈으로라도 채울 수 있다면
깊어가는 가을밤, 꿈길에서라도

외기러기에겐 낙원이 없구나

아침 햇살이 비껴도
내겐 빛조차 끄느름하다
마음에 밀려오는 이 우울함

주말의 늦은 아침
빵 한 조각에 적셔진 눈물을 삼킨다

그녀와 나
함께 했던 아침 식사가 언제였던가
이제 그걸 꼽아 뭣하랴만

아, 외기러기에겐 낙원이 없구나

새벽녘 바다여

하늘과 하나였더냐
땅과 하나였더냐
새벽녘 바다여
짙은 안개 품에 안겨
태초에 하나였던
만유 만상
그물로 얽힌
탯줄을 끊는다

양들과 늑대들과 쥐새끼들

양들은 푸른 초원에서 한가로이 노닐고
시냇물은 햇빛에 반짝이며
재잘재잘 자연을 노래하던 곳
어느 땐가 늑대 무리가 머물다 간 후
풀잎 스치는 바람 소리와 냇물 흘러가는 소리만
상엿소리처럼 구슬프게 흐를 뿐
흙먼지가 적막강산을 채워가고 있다

오래 지나지 않았는데
다시 몰려온 늑대들
하지만 이미 한차례 휩쓸어버려
잡초만 무성한 암흑의 땅에선
어떤 먹잇감도 찾지 못하여
허기진 배를 움켜쥐고 되돌아가려는데
장애물을 뛰어넘을 기력이 없구나

먹잇감이 지천에 널려있다며
떼 지어 몰려다니곤 했건만
젖먹이 양마저 씨를 말린 곳에
늑대 무리도 뼈만 남기고 사라졌다
자연을 있는 그대로 있게 했던들
이젠 쥐새끼들이 저 너른 초원에
점령군이 되어가누나

경건한 시간 속에서

조수 사리 때마다
잠겼다 떠오르던
너와 나 사이의 바닷길

우리가 남겨놓은
지난날의 긴 이야기
파도로 지우며
내 속으로 스며들던 너!

지금 너는 내 가슴에
숨결만 남기곤
수평선 너머로 숨어버려
내 귓전엔
파도 소리 만 맴돈다

촉촉이 젖은 네 숨결
밤마다 내 꿈길에
향기로이 흐른다
경건한 시간 속에서

밤 여울에 별 하나

밤 여울에 별 하나
몸부림은 바람결에 너울진다
여명에 수줍어 숨어버린 너
나는 밤을 기다리며
별 하늘을 우러르리라

아직도 젖과 꿀은 흐르고 있다

엄마 가슴에 붙어 젖과 꿀을 빨다
만나*로 배를 채우던 즈음
엄마 얼굴을 알아볼 수 있게 되면서
세상의 온갖 것이 나를 채워왔다

어머니라는 뜨거운 불덩이
어머니라는 본능적 인력(引力)
신적 사랑도 뛰어넘는 사랑
어머니는 내겐 천국이었다

어머니!
나를 존재 그 자체의 존재로
당신의 진액을 섞어 빚은 창조주
가나안의 복지 너른 초원이여

---

* 만나(Manna): 구약성경(출애굽기 16:1-36, 민수기 11:6-9)에 따르면 이스라엘 백성이 애굽을 탈출하여 가나안으로 들어갈 때까지 40년간 여호와께서 내려주신 양식.

풍경 소린 그대로인데

산사 가는 외길 머리
명경수에 몸 씻고
풍경 소리에 마음 비우며
바람에 속세 털어내던 게
꿈이었나 현실이었나

세월 지나 다시 찾은 곳
풍경 소린 그대로인데
욕계를 벗어나지 못한 이 몸
쌓인 때를 씻고 벗겨내도
정결한 물만 오염시켰네

월정사 가는 길에

월정사 가는 길에
둥지에서 내려다본
오경 녘 가을 바다
등대 불빛만 어둠 뚫고
생명을 넣어준다

만선의 물결인가
포구로 들어오는 고깃배들
해무는 수평선에 걸려 있는데
첫새벽은
이곳 바다에서 날을 연다

희미한 지금뿐

하루가 짧은가
시간이 빠른가
숨소리 거칠던
어제는 잊히고
오늘이 지누나

바람에 휩쓸린
지나간 때마다
희미한 지금뿐
아련한 얼굴도
어둠에 지누나

오후의 커피 한 잔

석별의 아린 가슴 삭일 짬도 없이
바람에 휘몰려 흙에 묻혀가며
밟히고 부서져 아픈 한 잎 낙엽이여
지난날 상념에 쓸쓸함만 서렸구나

귓전에 맴도는 하염없는 흐느낌
서글픈 가슴에 옛 생각이 밀려와
그리움이 순간마다 메아리치는데
벌써 가을은 잿길 넘어 잠겼네

햇살 쏟아지는 오후의 창가에서
커피 잔에 씁쓰름한 마음 담아
비스킷 한 조각에 섞어 넘기며
아무도 모르게 어제에 머문다

이 한 줌 가슴에 안겨준

그대여
오는가 싶더니
언제 갔는가

말없이 소리도 없이
낙엽 한 잎 던져주고
홀연히 서산을 넘다니

이 한 줌 가슴에 안겨준
가을밤의 외로운 적막감
이게 아린 추억이 될 줄이야

엿과 떡

엿과 떡! 시험 때마다 주고받는 부적이 된 지 오래되었다 엿 먹고 붙었는지 떡 먹고 붙었는지 어쨌든 엿과 떡의 생태적 탈바꿈이 시류마저 바꿔 놓았다

그런데 이게 웬일인가 작금엔 수단과 방법을 가리지 않고 엿 맛에 양심을 팔고 떡 맛에 정신과 몸까지 판다 시험의 부적이 처세술의 지고선이 되어간다

외국에서 엿으로 낚으면 군사 1급 기밀은 물론, 온갖 이적행위도 한다 떡만 먹여준다면 노예도 되고 몸종도 된다 세작질로 떡 한 덩이 물곤 감옥에도 간다

이젠 죽마고우란 죽 한 그릇, 마실 것 한 사발, 고기 한 덩이, 우동 한 그릇의 신조어로 되어가는 듯하다 엿 한 가락 떡 한 덩이면 옛 동무도 배신하고 등치는 세태

전후 사회가 팍팍했던 때도 대도에서 기업형으로 조직화 된 화적 같은 무리는 없었는데… 눈이 내린다 세상이 눈 같을 순 없을까

원시림에도 길이 있다네

원시림에도 길이 있다네
눈에는 검은 숲만 보일지라도
걸어가는 걸음마다
가야 할 목적지가 있다네

숲으로 쏟아져 내리는 햇빛
밀림 틈새로 빠져나가는 바람
하늘에서 땅으로 내리붓는 비
재잘거리며 흘러가는 시냇물

생명의 길을 찾아가며
오늘도 숨 쉬고 있으니
길, 만유의 생명이며
영원한 삶의 숨길 아닌가

원시림에도 길이 있다네
삼라만상의 '지금 있음'
존재 그 자체의 생성소멸
시공의 영원한 과정, 길!

가을빛 너울

여름을 보내고
외로움에 다시 찾은 바다

모래 위에 남겨졌던 젊음은 지워져
추억의 그림자도 찾을 길 없네

바람에 실려 오는 파도 소리, 저 절규
갈매기마저 떠나버려 괴괴하구나

하얀 물보라에 부서지는 가을빛 너울
나그네의 애련한 가슴앓이여!

시간은 짬의 공간을 넘지 못하고

시간에 너를 새기며
우리는 내일을 약속했었지

하지만 시간은 짬의 공간을 넘지 못하고
새겨진 너를 지워버렸네

긴 듯했던 이 짧은 순간
아무도 되돌릴 수 없게 된 시간이여

과정과 예술

예술은 착시 현상의 구성일 뿐
자연을 인공적으로 습작해가는 과정
그 결과를 예술이라 하며
빛의 시공탈출을 창작이라 했던 것

예술에선 빛의 음양을 참의 실체로 승화한다
그리고 그 과정의 흔적을 종교화하고
사물과 형상의 구도를 참이라 믿으며
착시 현상에 생명을 불어넣는다

3부

마음속 초상화

어쩌면, 아니 결코

1

저녁놀에 호수가 붉게 물들여지고
서릿바람은 낙엽을 스치며
검은 숲속으로 사라져 간다
이 순간의 목가적 침묵
한때는 고독을 씹으며 읊조리곤 하던
애련함이 서린 밤샘 주절거림…
고뇌의 한숨에 공허감만 밀려온다

2

누군가에 이끌려 나는 가고 있건만
한 걸음씩 가까워지고 있는
이 길의 끝이 안 보인다
하지만 나는 알고 있다
어쩌면, 아니 결코 잠들기 전엔
이 길의 끝에 도착할 수 없다는 것
힘겹게 이어지는 이 걸음이여

가을의 마지막 그림자

홍천강 둘레길 오르내리며
숨차게 둘러가는 산마루 굽잇길
굽이굽이 돌아가다 마을을 지나니
인적 없는 고샅길 나지막한 집 몇 채
낙엽만 흩날릴 뿐 적막하기 그지없다
이렇게 이어가랴 생각도 못 했건만
나뭇가지 스쳐 가며 흐느끼는 바람에
가을의 마지막 그림자도 묻어간다

가을을 보내며 홀로 맞는 초겨울
여장을 풀고 창밖을 굽어보니
개장 앞둔 스키장에 뿌려놓은 듯
무언가 하얗게 빛에 반짝인다
산자락 너른 초원엔 연못 품은 골프장
골퍼와 캐디인 듯 남녀 대여섯
느린 걸음 이어가는 저들의 모습
해거름에 시려 오는 어둠이 내린다

노을녘 불타는 하늘

나는 언어와 문자로 삶의 현상을 표현할 수 있으리라 생각했다 가락을 읊으며 자연을 소묘하기도 했고 나만의 세계를 조각해 가며 이런 행위를 시로 구워내기도 했다 한때는 과정 중에 불변하는 실체에 함몰되어 자화상을 빚어보기도 했다 아주 오랜 시간이 흐르고 나서 나는 노을녘 불타는 하늘이 나라는 것을 알게 되었다

나뭇가지에 서리 나릴 땐

창가에 흘러내리는 비
가을을 보내며
석별의 아픔에 흐르는 눈물인가
옛 생각 잊지 못해
복받치는 한 줄기 애수인가

비에 젖어가는 이 가을
내일, 그리고 이어지는 그다음
나뭇가지에 서리 나릴 땐
겨울이려니
가슴마저 시려 오리라

창가에 어둠이 짙어지는 이 밤
비는 그칠 줄 모르고
나와 함께 밤을 새우려는 듯
단장의 아픔에 흐느끼는 저 비탄
그러나 나는 나를 찾아 떠나리라

낯설은 몰골

1

서릿바람 파고들고

철새마저 떠나가니

호숫가 산책길엔

고적한 침묵만

숲속을 채우며

노을빛에 묻혀간다

2

둔덕에 누워

하늘을 보고

흘러가는 구름을 보다

나를 들여다보니

낯 설은 몰골이

쉼 없이 꿈틀 인다

3

나는 미아가 되어

숲속을 헤쳐갔지만

방황하는 나 자신

이미 나를 떠나버린

마음 더듬으며

그 속을 한 겹씩 벗겼다

광세의 빛 초 하나

한강 나루 버들길
봄 나래 푸르름에
황포 돛배 떠밀려
갈 길이 주춤이네

초파일 석가탄일
속세팔이 울던날
석가를 우러르며
같은 하루 초파일

아우가 마련한 상
한 살배기 돌잔치
팔십을 꺾어 내고
광세의 빛 초 하나

마음속 초상화

1
빗소리에 실려 오는 저 소리
모든 건 흘러가나니
연정과 추억의 그림자도
마음속 초상화도
저 빗물에 흘려보내라

눈가에 어려 있는 한 폭의 얼굴
아침 햇빛 같다던 그 노래도
지금 다시 되뇌어보라
얼마나 낯간지럽든가
이젠 모든 것을 잊어라

2
잊어야겠지요
잊으리다, 잊으리이다
허나 잊는다고 잊히리이까
내 영혼의 심곡(深谷)에서
나와 함께 숨 쉬고 있는 저를

살맛 암향만 남기고

바람결에
너의 숨소리가
끊어질 듯 이어지며
내 귓전을 적신다

어디선가 들려오는
풀벌레 울음조차
이 밤엔
왜 이리도 애련한가

밤이 지나면
살맛 암향만 남기고
늦가을 넋에 묻힐 너
어찌 나를 두고
떠나갈 수 있으랴

세월마저 무심하구나

별무리 사잇길

밤이 깊어
적막강산에 바람도 잠들었다

하늘과 땅만큼이나 먼
별무리 사잇길

나직한 속삭임에 피어나는
하얀 순정이여

가슴에 고이 안고
나, 별길 거닐며 밤을 잊었노라

모래 위 발자국에

새벽 바다
거친 물결에 피어오르는
비릿한 내음
파도에 띄워 보낸 노래는
애잔한 메아리로 저며오고
하얀 모래는
파도에 이슬진다
어스름 새벽
모래 위 발자국에
고이 젖은 파도여

누구와 말을 섞으며 빵을 넘기랴

밤늦게 잠자리에 들었다
눈을 떠보니 봄볕이 깊숙이 스미고 있다

부스럭거리는 소리에
딸아이가 아침상을 들고 들어온다
침대 위에서 브런치
버릇이 습관처럼 되어가고 있다
사치스러워 보일 듯한 소박한 차림
채소 한 접시
파프리카 반쪽과 토마토 한 개
블랙커피 한잔
뮤즐리 한 숟갈
때론 호밀빵 한 조각
카망베르 치즈 한 쪽
구운 달걀 한 알
입가심용 계절과일 조금

무거운 침묵을 한 입씩 씹어 넘겨야 하는 고문
누구와 말을 섞으며 빵을 넘기랴
커피 한 모금이 텁텁한 입안을 휘돌곤
제 갈 길 찾아 흘러간다
앞으로 몇 날이나 이렇게
해를 맞고 지는 걸 볼 수 있으랴
망구(望九)에 몸마저 이울어져 가고 있으니

자장가

자장자장 우리 아기 귀여운 아기
엄마 품에 안겨 새근새근 잘 자라
새들도 바람도 잠들어 고요한 밤
우리 아기 이 밤에도 예쁜 꿈꾸렴

자장자장 우리 아기 어여쁜 아기
엄마 아빠 사랑 덮고 고이 자누나
밤이 지나가고 동녘이 밝아올 때면
우리 아기 예쁘게 커 있을 거야

어슬녘 갯마을에

어슬녘 갯마을에
덮여 오는 물안개
바닷길 멀어
달그림자 타고오나
어둠에 깊어가는
바다내음 긴 여운에
오는 듯 가며 남긴
아련한 미련

가을 바닷가에서

가을맞이 길목에 다시 들른
동해안 작은 포구
파란 물결 사그라지는 흰 거품에
거칠게 몰아치는 시간의 춤사위

때로는 모든 걸 버리고 싶고
때로는 모든 걸 담아두고 싶은
하늘과 바다, 먼 날의 꿈
빛바랜 흑백 시간도 너울진다

때로는 포효하는 파도 되어 부서져도
그렇게 시간에 공간을 채워 넣고
공간에서 시간으로 부양하며
시대의 흐름을 거스르곤 했는데

송림 숲 바닷가에 드리워진 그림자
짙게 밀려오는 세월의 무상함
이젠 모든 걸 하나씩 내려놓고
가을 바다 까치놀에 안기고 싶다

한철의 짬 사이

꽃잎이 져 쓸쓸한 초원에
한 점 구름이 외로이 떠간다
어디로 가는지
높푸른 저 너머로 가는 구름

노닐고 싶었을 땐 때가 없었고
때를 만났을 땐 꽃밭에 서리가 내렸다
꽃들도 세월에 묻혀갔나
모든 게 한 철로 지나가기에

빛바랜 사진첩

책장을 뒤적이던 오후
눈에 밟힌 빛바랜 사진첩
옛 생각이 새록이 피어오른다

마지막까지 외돌토리
떠나갈 때
그림자라도 밟으며 가려나

어쩌면 적멸(寂滅)의 순간
옛 생각에 던져졌던 시간만은
나와 함께 가지 않으랴

1947년

파괴는 건설이란다
알듯 모를듯한 산울림
선동가의 입에선
혈기가 작열한다

이 밤이 지나가고
해가 솟아오르면
숙청의 광기로
하루가 지리라

천지에 진동하는
피비린내
원혼의 곡성이
밤을 가르리라

1947년
나는
칠흑의 밤에
38선을 넘었다

나는 있다
지금 여기에

단풍

빨갛고 노랗고
자연의 첫 색깔
하늘과 땅을 품은
저 여린 맘

오늘 밤이라도
비바람이 몰아치면
아련한 추억만 고이 안고
흙에 묻힐 테지

그런데 왜
내 가슴은 이리도 아릴까
나는 잠시 머물다 가는
길손이거늘

풍류로 밤을 태워도 좋으련만

여름이 가고
어느새
가을도 빛을 잃어 가며
져가고 있다

세월은 인생의 세포마저
망각의 찰나에 뒤섞으며
울타리 너머로
쉼 없이 달려간다

가던 길 잠시 멈추고
인생의 참을 노래도 하고
꽃 가슴에 시 한 수라도 꽂아 넣으며
풍류로 밤을 태워도 좋으련만

4부

언약의 입맞춤

촉촉이 젖어가던 저녁, 그 바닷가

1
먼 훗날
우리의 꿈을 그려보며
희망을 속삭이곤 하던
인천 토박이,
불문학을 전공하는 문학소녀
까만 눈동자를 반짝이며
가끔 상송을 읊조리곤 했다
바닷가 양지바른 언덕에
하얀 집을 짓고
서로를 한 올씩 엮어가자며
날을 세어 가기도 했다

2
1968년, 가을 어느 날
비바람이 몰아치며
촉촉이 젖어가던 저녁, 그 바닷가
나는 며칠 후면
저 바다 건너 멀리 떠나야 하는
마지막 밤
이별의 아픔과 꿈을 깬 미안함에
아무 말도 할 수 없었다
내 길은 기약 없는

시간의 이어짐일 텐데
무슨 이야기로 내일을 안겨줄 수 있으랴
어떤 속삭임에도
내일을 담아낼 수 없거늘

3

오랜 후 어느 날
멀리서 들려오는 그녀의 소식
가정을 이루고
미국으로 떠났다고
겁 없던 젊음의 여로에서
우리의 꿈은 이렇게 막을 내렸다

애가

비참의 계곡을 지나고 나서
영광의 길을 걷는 사람은 없다

전원을 가로지른 시내를 따라
숲 사이에서 들려오는 풀벌레 울음소리
별빛을 동반자로
고독의 밤
홀로 걷는 비창을 아는가

유성이 활활 타는, 섬광을 토해내며
먼- 하늘로 사라진다

아무도 이 고요한 밤
적막을 깨며 시냇물이 흘러가는 곳이
어디인지 모른다

언덕기슭 초가 앞으로
야간열차가 지나간다
기적은 점점 어둠 속으로 사라져 간다

나, 사색 속에서 헤매 일 때

바람은 나의 얼굴을 싸늘하게 선득인다
그리고 슬픔은 더 억제될 수 없다

— 『연세춘추』, 1962. 10. 15, 4면.

호숫가 숲길

1

호숫가 숲길도
그 사이로 흐르던 냇물도
고적히 잠든 곳
지금도 나는 그 길 거닐던
그 시절에 깊이 잠겨간다

2

눈보라 칠 때면
눈꽃에 시상을 얹혀주며
거닐곤 하던 이 침묵의 길
너만은 알려나
나의 이 우울함이 무엇인지

욕망의 늪

인생론에 채워 온 참
그 길엔 끝이 없던가
길(道)을 닦아가며
밤낮으로 달려갔건만
욕망의 늪을 건널 수 없었으니
몸이 지쳐가누나

아직도 갈 길은 먼데
참의 길 초입은 어딘고
차곡히 쌓아온 시간
지금 이 자리에
추억 한 자락만 남기고
밤을 맞게 되었네

이제
이 긴 밤이 지나면
새날엔
낙엽 길 따라
나는 왔던 길 되돌아
저 고개를 넘으리라

진달래꽃이 폈다

진달래꽃이 폈다
시린 내 가슴은 언제 녹으려나
그 많던 동무는 어디로 가고
폐가만 옛날을 말해주는 듯
초가 마을엔 인적이 없구나
한 줌의 땅마저도
공동묘지가 되었네

진달래꽃이 폈다
꽃 따던 처녀들도
꽃술 담그던 아낙들도
신화로 엮어진 한 줄기 이야기였나
어디선가 들려오는 이 환청, 절규
아, 이 땅이여
바람에 피비린내가 배어나누나

오늘은 어제를 뛰어넘지 못했다

밤의 적막을 깨며 천지개벽의 새날이 오리라고 목청껏 외치던 군중들 하지만 아직도 오늘은 어제를 뛰어넘지 못했다

무참히 짓밟힌 삶일지라도 한 가닥 빛줄기에 새날이 밝아온다면 그날 나는 오늘도 잊으리라 그땐 진리가 우리를 자유케 하리라

함에도, 그러함에도

열심히 살려고 몸부림쳤지만
존재하려는 욕망은
의지대로 길을 열어가지 못했다

하늘에서 쏟아 붓는
하얀 눈가루
할 말을 숨기고
밤 고양이처럼 살그미 다가와
추모공원 너른 묘지에
하얀 수의를 입힌다
온통 하나로 섞어
하나처럼 엮는다

오늘
이 하루도 이렇게 죽음으로
영결의 장지에 묻히는 저들

저들의 굶주린 절규는
차가운 밤하늘을 가르며
멀리 저 너머 누리에 물결치지만
어디에도 들으려는 귀가 없어
파르르 떨다 힘없이 사라진다

밤도 잠이 들어
보지도 듣지도 못하는
깊은 칠흑에 갇혀버렸다

그래도 아침은 오려나
한줄기 미련은 실오라기 한 가닥
글쎄, 그런데…

지금 이곳 어디에도
상실의 함성은
하루살이의 숨소리인 듯
울림이 없다
함에도, 그러함에도
존재하려는 욕망
아직도
망각의 미로 속을 맴돌고 있다

오라 벗들이여, 축배의 잔을 높이 들자

오솔길 솔향기엔 자연이 묻혀있다 그 품속을 거닐며 속삭이던 시절, 숱한 이야기는 꽃 항아리에 담겨 붉은 빛 포도주로 숙성되었다 나는 벗들을 초대하여 향연을 베풀며 삶의 환희를 함께 노래하련다 오라 벗들이여, 축배의 잔을 높이 들자

나, 겨울에 묻히리니

눈길 함께 걷던
그녀는 어디로 가고
지난날 스쳐 갔던
풀숲 사이에서
겨울바람만
애처로이 흐느낀다

외로운 마음
애련한 아픔
달랠 길 없어
어두워져 가는 숲속
홀로 찾아가
불러보는 그 이름

차가운 바람에
가슴이 아려와도
나, 겨울에 묻히리니
눈이 내리던 그 밤
그녀와 속삭이던 연가가
눈꽃으로 피어날지도

기다리는 마음

함박눈 맞으며 눈길 걷다
뜨겁게 달아오르는 가슴으로
겨울의 품에 안기곤 하던
그 긴 겨울밤
적막한 행복감

밤이 지나고 이렇게 또 지나고
하얀 세계에 검은 점 하나
마음이 시려 올 즈음엔
봄이 기다려진다
꽃향기와 바람도

언약의 입맞춤

눈 내리던 밤
순결한 마음속
깊어가는 침묵엔
새벽을 열어갈
언어가 잉태하고 있었다

어둠 속에서 영글어 간
저 눈꽃
아침 해가 감싸 안으며
언약의 입맞춤을 하니
눈가엔 이슬이 맺힌다

꽃 가슴 설레는 봄맞이
영혼도 해에 녹아들며
봄 향기에 취해간다
아, 이 기쁨의 축복이여
내 곁에 좀 더 있어다오

오계의 초원에 오두막을 짓고

1
겨울을 씻어내며 흘러가는
봄의 소리에 마음이 동하고
매화 색향(色香)을 못 잊어
나들이 두어 번 했을 뿐인데
벌써 여름이라니

2
냇가 둔덕 숲 그늘에 누어
흘러가는 물소리 들으며
구름 한 점, 하늘 한쪽 고이 접어
강물에 몇 번 띄운 게 고작이건만
가을이 성큼 다가왔다고

3
심장 빛 잉크로 소담스레 엮어
빨간 단풍 한 잎 꽂아
마음 띄워 보낸 게 엊그제 같은데
눈서리에 삭풍이 몰아치더니
어느새 겨울이 눈보라에 휩싸이누나

4
봄 여름 가을, 그다음

겨울은 먼동을 틔우며
사계의 궤도 위를 쉼 없이 달려가고 있지만
나는 시공을 초월하여
오계의 초원에 오두막을 짓고 있다

침묵 속에 잠겨버린 그 속삭임

아, 어찌 디디고 있는 이곳엔 애수에 서린 고적함이 없는가 왜 이제는 애끓는 연정이 샘솟지 않는가 왜 이제는 어디에도 애틋한 기다림이 없는가

이제는 가슴 뛰던 그 설렘을, 저 파도가 지워버린 모래 위의 발자국을, 침묵 속에 잠겨버린 그 속삭임을 되찾고 싶다 허허한 마음 이곳에 풀어놓고 파도에 노래 물결 섞으며 뱃놀이를 하고 싶다

갈보리 예수

저녁놀 갈보리 언덕의 황금빛 하늘을 보라
거기서 머리에 가시관 씌워진 예수의 얼굴
십자가 형틀에 달리어 고통의 멍에를 쓰고
보혈로 우리 죄 씻기는 예수의 사랑을 보라

어둠의 세상에 광명의 빛으로 찾으신 예수
눈먼 자 눈 되어 새 빛 찾아준 광명의 예수
주께서 영원한 생명을 주시려 베푸신 은혜
보혈로 씻겨져 성결 된 축복의 세상을 보라

영원한 죽음의 수렁에 빠져서 우짖는 죄인
갈보리 예수의 보혈로 새생명 얻게 된 영혼
밝아진 눈으로 대속의 구세주 예수를 보라
주께서 부르는 음성이 마음에 메아리친다

이미 나는 내가 아니다

나의 인내심은 폭발 몇 초 전

창조 당시의 몸 그대로 있도록 해달라며
애원도 하고 몸부림도 쳤건만

저 인간들!

내 몸에 불을 지르고
포클레인으로 파헤치고
불도저로 밀어내며
무자비하게 난도질을 계속하니
이젠 숨쉬기조차 힘들게 되었다

만신창이가 된 몸엔
자정할 힘조차 남아있지 않아
몸 곳곳이 오한에 치를 떨며
서서히 죽어가고 있다
몸에 전기톱질을 하고
가죽을 벗겨버려 성한 곳이 없는데
이런 몸으로 내 어찌 내일을 맞으리오

산업 폐수와 온갖 공해물질을

내 몸에 억수같이 쏟아 부으니
내 어찌 죽음을 피할 수 있으리오

광활한 우주의 한 점 같은 나,
존재하려는 힘으로
태초의 나를 되찾고 싶지만
이젠 그럴 시간조차 없구나

이미 나는 내가 아니다

크리스마스의 겨울비

크리스마스
오는 듯 멈춘 듯 비가 내린다
소리 없이 내리는 겨울비
나 때문에 흘리는 눈물인가

하늘엔 영광, 땅엔 평화
무거운 맘으로 음미한다
비 맞으며 내게 오는 크리스마스
내 눈에도 참회의 눈물이 흐른다

창밖 빗줄기에 피어오르는 연무
먼 산자락마저 덮어버렸다
이제라도 산을 보던 눈으로
나 자신을 들여다보라는 듯

크리스마스의 겨울비
나 때문에 흘리는 눈물
켜켜이 쌓인 내 죄 씻어내며
성결한 맘으로 세상을 보란다

말구유의 등잔

캐럴이 메들리로 이어진다
무거운 무엇이 내 마음을 누른다
쪽방촌에도
내일이 없는 사람들에게도
절망의 순간을 이어가는 이웃에도
성탄 종이 울리려나

예수의 탄생
우리 죄를 대속하러 오신 예수
죽음이 예정된 메시아
이날을 환락에 취해 맞아야 하나
오색 빛 영롱이는 성탄의 불빛
말구유의 등잔은 어디에 있나

또 이렇게 한 해를 서산에 넘기네

흰 구름 피어올라 흘러갈 제
희망의 나래 짓 하며
겁 없이 비상하던 젊음의 한때
벅찬 설렘에 가슴이 뛰곤 했었지

솔숲 사이로 흐르는 개울에
멱감으며 물장난치던 동무들
더러는 먼 길 떠나고
상처투성이 몇 명만 손에 꼽히네

하지만
언제 끊어질지 모르는 명줄
실오라기 한 가닥에 연명해가며
또 이렇게 한 해를 서산에 넘기네

새천년을 여는 밤하늘의 메아리

어둠을 물리고 새해를 맞으려는 마음
제야의 종소리는 차가운 공기를 가르며
긴 여운 파도치듯 밤하늘에 물결친다

바람은 음파를 희롱하듯 춤사윌 벌린다
종소리가 꼬리를 감추며 아스라이 져갈 즈음
타종의 깊은 소리가 뒷자락을 잡는다

울리다 끊어질 듯 이어지는 33번의 종소리
국태민안의 기원을 하늘 멀리 띄운다
송구영신, 온 누리에 희망의 새천년을

5부

농익은 가슴

내게 남겨진 건 수선화 향기뿐

1
설레는 가슴 고이 담아
구름에 실어 보낸 게
엊그제 같은데
내게 남겨진 건
수선화 향기뿐이다

2
꽃길에 발자국 남겨가며
사계의 노예로
길들어져 가고 있는 나
물상화(物象化)되어가고 있는 내 몰골
아, 내가 나를 알아볼 수 없다니

아포리즘

오늘이 행복한 사람에게는 그 열매가 쓸 것이요
내일이 행복할 사람에게는 역설의 뒷맛이 달리라
인간만이 이 진리로 학습되어온 유일한 동물이다

나, 다시 태어날 수 있다 하더라도

나, 다시 태어날 수 있다 하더라도
지금의 몸으로 태어나고 싶다

지금까지와는 다른 인생이 주어진다 하더라도
조금의 망설임도 없이 말하리라
내 선택은 오직 한 가지
나는 지금의 나로 태어나고 싶다

좀 불편함이 나를 겸손하게 했고
이 겸손의 결과가 나를 행복하게 했기에
나는 아름다웠던 내 삶의 역정을
그 어떤 것과도 바꾸고 싶지 않다

나, 다시 태어날 수 있다 하더라도
지금의 내가 되고 싶다

여백

덧칠할 필요가 없어 남겨두었다
너무 빈 것 같아 점 하나 찍었다
점엔 내가 들어 있었다

모기

열대야에 몸 뒤척이다 잠들려는 참에
쌕쌕이* 한 대가 창공에서 급강하하며
금속성 굉음을 낸다
앗,
벌써 착륙지점에 흡착기를 꽂는다

아주 짧은 순간의 생각
흡혈귀 같은 놈인데
무자비하게 박살해야 하나
이 경우 스님들은 어떻게 할까
특히, 큰스님들은 어떻게 했을까
살생계(殺生戒)를 범치 않으려고 몸을 내주었을까
참, 궁금하다

뺨 주위에서 한 놈이 비행 중이다
뺨을 세게 내리쳤다
아, 어느새 놈은 빠져나가고
뺨만 한 대 얻어맞고 얼얼하다

전자 모기 채를 사놓았으니

---

* 쌕쌕이: 6·25 전쟁 때 미국 제트 전투기에 대한 속칭

오늘 밤은 잠을 좀 잘 수 있으려나
내리치고, 올려치고, 꺾어치고, 돌려치고…

별렀던 밤이 되었다
한 놈이 머리 위에서 맴돌며
곡예비행을 한다
불을 켜고 모기 채를 움켜쥐었다
어디에서도 놈을 찾을 수 없어
불을 껐는데 오래지 않아 또 그놈의 목소리
이러다 새벽을 맞게 되었다
차라리 적선을 베푸는 마음으로
몸을 내주었으면

역설
- 다섯 마당의 서사

하나님은 사랑이시라(요일 4:16)

믿음, 소망, 사람, 이 세 가지는 항상 있을 것인데
그 중의 제일은 사랑이라(고전 13:13)

1

성스러운 말씀을 노동 봉기의 목적으로 왜곡 해석하며
목이 터져라, 외쳤다
감옥에서 청춘의 한때를 보내기도 했다
노동자여 일어나라!
산업선교란 미명으로 선동질을 했다
다시 감옥에 갔다
기독교의 본질을 쓰레기통에 쓸어 넣곤
신학을 민초론(民草論)으로 해석했다
언제나 민주 투쟁의 구호를 외칠 땐
성경 말씀을 선전 도구로 사용했다

2

정의의 사도 인양 행세하는 검은 사제와 목사
때론 큰 십자가를 메고
핏빛 물감으로 칠 한 몸을 휘청이며

예수가 걷던 ‘고난의 길(Via Dolorosa)’을 연출했다
민중을 고난의 예수로 형상화하기도 했다

3
권력을 손에 넣고 보니
부활의 예수가 두려웠고
십자가의 힘이 불의를 심판할 것 같았다
교회를 고사시키기로 했다
십자가에 대못을 박고 쇠사슬로 묶을 수 있는 명분
코비드 19!

하나님은 눈을 감으셨을까

4
지금 이곳의 기독교엔 재갈이 물리고 손발이 묶여
생존을 위한 몸부림으로 피폐해 가고 있다
누구를 원망하랴
반성해보라
거짓 선지자들, 붉은 용의 전사로 이 지경을 자초한 죄
그대들이 앞장서서 붉은 깃발, 한반도 깃발을 휘날리며
정의와 평화를 외쳤던 결과인데 누굴 원망하랴
성의(聖衣)에 몸 숨기고 선지자 연하던, 배교자들!
지금도 적그리스도는 대를 이어 사탄 짓을 하고 있다

5

어둠이 내린다
어둠이 내린다
이 통곡의 땅에

해달별 열린 길

길을 찾아 쉼 없이 헤매었건만
야망에 부푼 가슴은 의지대로
길을 찾을 수가 없었다

지친 몸, 무거운 짐 버리니
그 빈 곳에 하늘이 쏟아지며
서광의 빛, 길이 보인다

사방이 길이였는데
검은 숲만 헤쳐가느라
해달별 열린 길을 보지 못했네

자장노래

엄마가 불러주는 자장노래에
아기가 옹알이다 잠이 듭니다
휘영청 달빛은 창가에 걸리고
별님은 아기 보며 반짝입니다

아기 보던 엄마도 잠들었는데
앞마당 멍멍이가 짖어댑니다
동창이 밝았다고 멍멍입니다
아기가 뒤척이다 깨어납니다

엄마가 아기 등을 토닥이면서
잠결에 아름다운 꿈 꿨느냐고
토실한 아기 귀에 소곤대는데
아기는 배시시 웃기만 합니다

건너갈 수 없는 강

나는 성자를 존경한다

나 자신, 저들처럼 자아를 벗어난
탈아(脫我)의 실체로 존재할 자신이 없기에

내겐 성(聖)이란 범접할 수 없는 성역이며
건너갈 수 없는 강, 불가해한 범주였다

나는 나를 내려놓으며
저 강기슭에 닿으려 오랫동안 헤매었다

우연과 필연의 인연, 어느 찰나에
나는 강기슭 끝자락에 닿을 수 있었다

거기서 나는 거룩함을 읽었다
하늘의 음성이 내 영혼을 엄습했다

심전에 써온 일기

1

나는 새것을 좋아하면서도
옛것을 쉽게 버리지 못한다
그게 버릇인지 고집인지
어쨌든 새것은 삭여가며
익혀지는 과정에 있고
옛것은 오랫동안 함께 지내오며
서로 필요한 것을 채워온
정이 숙성되었기 때문 아닐까

2

구닥다리라는 것
지겹다는 것
사용하기 불편하다는 것
하지만 거기엔 내 숨결이 담겨있고
내가 어루만졌던 손때가 묻어있으며
서로의 교감이 아직도 뜨겁게 끓고 있는데
거기엔 사랑과 슬픔, 애환이
아주 오래전부터 숙성되어 익어 왔는데

3

지금은 가끔, 물론 아주 드물게
그러던 날이 아물거릴 때도 있지만

하루도 거르지 않고 어루만지며
심전(心田)에 써온 일기
그게 내 숨결이 담긴 생명이며
세월이 차곡히 쌓인 삶의 흔적이 아니랴
나는 아직도 거기에 머물러 있다
그와 함께 숨 쉬고 있다

4
한 해가 저물어 간다
'옛것을 버리고 새것을 들이라'고 한다
그러나 깊고 그윽한 향이 배어있는 옛것
내겐 그것이 옛 동무 같은 것이며
내가 자라온 고향 같은 것인데
내 어찌 저를 고려장 시킬 수 있으랴
그런 생각의 개연성조차
내겐 죄의식으로 되돌아온다

물망초의 시간

이 아침의 나
어제 다듬던 시에 감성을 덧입혀 완성하려 한다
며칠 동안 다듬고도 아직 미완성이다
교향곡은 미완성이 더 심오한 매력이 있을듯한데
미완성 시 몇 행에 내 살을 섞고
내 영혼을 담아내려 하니 매력은 고사하고
가슴을 짓누르는 듯한 중압감만 무겁게 느껴진다

모아놓은 시들을 다듬어 여섯 번째 시집을 내려는데
시를 다듬는 게 내게는 왜 이리도 어려운지
7월이나 10월에는 빛을 보았으면 한다
7월은 6년 전에 그녀가 연(緣)을 끊고 떠난 영결의 달
10월은 50년 전에 그녀와 청실홍실 엮었던 성스러운 달
그러나 나 이외에 누가 이 시간에 의미를 두랴
나에게나 물망초의 시간일 텐데

고향은 꿈길에 머문다

실향민 나그네
고향에 갈 길 찾아
산하를 휘젓고 다니며
이어져 온 나날
유랑의 세월이 몇 해던가

고적한 밤이면
달빛에 떠오르는 고향 생각
생전에 고향 땅 밟을 수 있으려나
고달픈 객살이에
바람만 내일을 안겨주누나

타향이 고향이려니
그렇게 수 세월 지냈건만
아직도 고향은 꿈길에 머문다

봄은 아직 멀었건만

겨울은
기나긴 밤의 꿈길
나래 품에
하얀 서리꽃을 피운다

기다림의 아련함을
눈보라에 흩날리며
설레는 이 마음엔
꿀 향기 꽃 생각뿐

눈 덮인 단조함에
도지곤 하는 이 버릇
봄은 아직 멀었건만
가슴엔 봄꽃이 피어나네

그래, 하지만 그건

한 살 때 무슨 기억이 있으랴
꿈틀거림인들
본능적 몸부림이었을 텐데
아니다
열 달 무렵 아장이다 넘어지곤
또 발 떼고 넘어지기를…
그래, 하지만 그건
봄날 아지랑이처럼
아련히 피어오르는
한 줄기 기억(?)
아니면 그랬으면 하는 바람이었나
집안 어른들이 해주시던 이야기에
덧붙여진 안개였나
아물거린다

농익은 가슴

- 애련한 추억의 숨결

많은 시간이 흘러갔다
아주 많은 속삭임의 시간이었다
숱하게 이어지는 이야기로 밤이 짧았지만
언제나 새벽 아침은 찬란하게 열리곤 했다

어제가 아련히 멀어져 가고
천생의 인연인지 운명인지
셀 수 없이 많은 밤이 지나갔어도
애련(愛戀)한 추억만은 아직도 싱그럽다

너와 나
얼마나 많은 꿈으로 내일을 펼치려 했고
얼마나 많은 시간을 별빛에 묻혀 보냈으며
얼마나 많은 이야기를 마음에 섞으며 설레었던가

내겐 너의 숨소리도 어느 노래보다 감미로웠고
미소를 머금은 너의 모습조차 어느 꽃보다 아름다웠다
언제부턴가 너의 초연한 자태는 내 세계가 되었고
농익은 가슴은 내 영혼의 안식처가 되었다

모정(慕情)

- 허허로운 마음에 깊어가는 연민

아침에 눈을 뜨면
몸에 밴 타성인지 버릇인지
서가에 놓인
당신 사진부터 보게 되네요

인문학 교수의 아내

참, 미안하오
괜스레 빈말 같은 무언의 여운
나 스스로 자위를 해보아도
낯을 들 수 없구려

입가에 잔잔한 미소 띤 당신 얼굴

늘 조촐했던 살림에
다섯 식구 보듬고 가던
나약한 당신의 한 세상

추모공원 상석을 꽃으로 장식한들
허허로운 마음엔 연민만 깊어가오

친구들이여, 그대들은 행복하나요

친구들이 가끔 내게 묻곤 해요
당신은 행복하냐고
그래요
내겐 사는 게 한번만의
오직 내게만 주어진 행복이에요
숨 쉴 수 있는 것만으로도

나는 가끔 외롭기도 하고
아주 드물게는 우울하기도 해요
때로는 쓸쓸할 때도 있어요
사람을 만나 사랑도 했고
아픈 이별을 하기도 했어요
지금 생각하니 그랬던 순간조차도 행복이었어요

날씨가 흐리고 비가 오고 눈보라가 친다고
내게 주어진 시간이 달라지나요
그럴 때 스며나오는 감성과 정서가
내게 삶의 진정한 깊이를 말해주고
그러기에 나는 쓸쓸한 아픔, 세파의 고뇌에서도
내 마음의 여러 색깔을 사랑하게 된답니다

친구들에겐 무엇이 행복인지 알 수 없지만

내겐 나 자신이 지금 나인 게 행복이에요

친구들이여
그대들은 행복하나요

나그네에겐 길이 없소이다

\- 지금 어디로 가시오
\- 발길 따라가고 있다오

\- 거기가…
\- 아니요
나그네에겐 가는 게 길이 아니겠소

\- 그럼 가려는 곳은
\- 정해진 길을 따라 바람 부나요
나그네에겐 바람이 부는 데로
구름이 흘러가는 데로
그러다 깊은숨 한번 몰아쉬곤
방랑을 멈추게 되겠지요

\- 그렇다면, 어쩌면
거기가 가려는 곳
아니면, 혹시…
\- 내가 신이 아닌데
어찌 그곳을 알 수 있으리오
나그네에겐 길이 없소이다

〈작품해설〉

치열한 존재의 깨달음

김 응 교(시인, 문학평론가, 숙명여대 교수)

작품해설

치열한 존재의 깨달음

김 응 교 (시인, 문학평론가, 숙명여대 교수)

예술작품을 대할 때 깨달음의 기쁨은 어디서 올까. 예술적 아름다움만이 우리에게 기쁨을 줄까. 빈센트 반 고흐의 그림을 보고 우리는 왜 감동을 얻을까. 지저분한 구두 한 켤레를 보고 우리는 어떤 울림을 느끼는가.

예술의 미적 쾌감 혹은 깨달음을 얻는 것은 아름다움뿐만 아니라, 예술작품에 녹아 있는 진실을 마주할 때 잔잔한 울림과 깨달음을 얻는다. 겉으로 아름답지만 진실하지 않은 사람을 대할 때 우리는 숫제 없는 사람 대하듯 실망하지 않는가.

방금 진실이라고 썼는데, 그 진실은 바로 고흐가 그린

구두를 신은 한 인간의 존재(存在), 그 실존의 삶을 만나고 공감하는 바로 그 순간, 깨달음의 순간에 일어나는 체험이다.

"이제까지 예술은 아름다운 것과 미와 관계해 오고, 진리와는 관계해 오지 않았다"(하이데거, 『예술철학의 근원』)라는 문장은 역설적으로 우리가 예술을 대할 때 예술이 주는 존재의 진리를 가벼이 생각한다는 지적이다. 고흐의 구두 그림은 그저 하나의 사물이 아니다. 고흐가 그린 투박한 구두 그림은 바로 그 구두를 신은 이가 현실에서 겪어온 삶의 흔적, 즉 구두 신은 이의 '존재'를 만나게 한다. 하이데거는 이때 이 구두는 단순한 사물이 아닌 사물의 존재(있음)를 드러낸다고, 바로 이 지점에서 저 구두는 예술작품을 예술작품이게 만든다고 썼다.

구두 이야기를 서두에 쓴 이유는 한승홍의 시를 읽은 내가 비슷한 체험을 했기 때문이다. 한승홍 시인은 필자에게는 까마득한 선배를 넘어, 연구자의 본을 보여주신 선학(先學)이시다. 2018년에 첫 시집 『나무에게 배우다』를 내고 2021년 『N극과 S극』에 이르기까지 4년 사이에 다섯 권의 시집을 낸 시인이다. 경력을 접어두고, 오직 한 시인의 시를 대하면서 나는 시의 아름다움보다는 시 속에서 '존재의 진실'을 만났다. 잘 다듬어진 매끈매끈한 항아리 같은 시가 아니라, 투박한 흙사발을 마주할 때 그 흙사발을 만드는 손길을 느끼는 소중한 진실을 나는 한승홍 시인의 시를 읽으며 느낀다.

100세가 넘는 철학자에게
80세가 넘으면 곡기를 끊어야지
그렇게 포효하던 젊음의 분노
시각에 따라 실재가 다르게 보일 터

팔십 성상을 쉼 없이 달려왔던 이 길
나는 마지막 숨결에
나를 쏟아내며
왔던 길 되돌아 태초의 나를 찾아간다

내일에는
고려장이 사회적 풍습이 될지, 아니면
사회가 늑대의 세계로 될지
사회는 어떤 형태로든지 되어가리라

토머스 홉스가 새롭게 다가온다
야수의 전쟁터에 참을 새기려

– 「야수의 전쟁터」 전문

1942년에 태어난 시인의 나이는 현재 여든 살이다. 그의 어린 시절은 "얼음 지치다 / 썰매 서로 바꿔 타다 / 팽이치기로 추위 잊던"(「이제 그 시절은 오지 않으리」) 1950년대 풍경이 실루엣으로 드리운다. 여든 살을 사계절로 비견하면 인생의 겨울이라 할 수 있을지 모르나, 그의 시에는 니체가 기록했던 정오(正午)의 긴장이 팽팽하다. 그의 시에는 추억이나 회상하는 그림자가 거의 없다. 시인은 정오의 땡볕 아래 서 있다.

인생의 황혼기에서 은퇴자의 넉넉함을 누리고자 하는 세계와 거리가 있다. "내일에는 / 고려장이 사회적 풍습이 될지" 그는 염려한다. 늑대의 세계를 외면하면 시인은 넉넉한 시간을 누릴 수 있을 텐데, 시인은 "만인의 만인에 대한 투쟁(BELLUM OMNIUM CONTRA OMNES)"이 벌어지고 있다는 토머스 홉스가 경고한 차가운 현실을 마주한다. 시인은 지리멸렬한 "야수의 전쟁터에 참을 새기려"는 의지로 충만하다. 시인이 바라는 참이란 구도자로서 그가 찾는 진리의 사건일 것이다.

그의 삶은 그냥 노는 삶이 아니다. 「황태」를 읽으면 그는 죽어서도 현실을 직시한다.

잡혀 오며
고문당할 일을 생각하니
두려움과 공포심이 밀려왔다
현기증에 잠깐 어질한 사이
알 수 없는 나락으로 내던져지며
몸이 골병들어 넋이 빠져나갔다

저승길 나그네 되어
내 육신을 내려다보니
눈물도 말라 버렸다

아가리를 꿰어 빨래 널 듯
덕장에 줄을 맞춰 걸어놓고
북풍 눈 비바람을 맞힌다
해 뜨면 녹고 밤 되면 얼면서
내 몸은 미라가 되어갔다

저 잔인한 인간들

한 쾌씩 묶어 장터에 팔아넘긴다
아낙네들 장바구니에 얹혀 어디론가 갔다

아아 이럴 수가
미라가 된 몸
마른 송장의 머리를
식칼로 내리쳐 잘라내고
가죽을 통째로 벗겨내곤
다듬잇돌 위에 올려놓고
살점이 으스러지도록 방망이질을 한다
살점을 뜯어내어 양푼에 담다가
몇 점씩 씹으며 입놀림을 한다
간장을 붓고 주물럭거리다가
고춧가루 참기름 깨와
몇 가지 양념을 더 넣고 조물조물 묻힌다
아, 이 쓰라린 고문
내려다보다 끝내 눈을 돌렸다

으스러진 살점 한 무더기엔 부침가루를 뿌리고
달걀물로 옷을 입혀 전을 뜬 다음
기름 두른 무쇠 지짐판에 몇 점씩 놓고
노릇하게 되도록 불고문을 했다

며칠이 지나고 내 머리와 가죽은
주색질로 밤샘하고 온
주인영감 조반상에 해장국으로 올려졌다

－「황태」 전문

시인은 '황태'라는 객관적 상관물(客觀的 相關物)로 자신이 겪고 있는 외로운 삶의 투쟁을 표현한다. "잡혀 오며 / 고문당할 일을 생각하니 / 두려움과 공포심이 밀려왔다"는 1연을 읽으면, 다섯 살이던 1947년 칠흑의 밤에 38선을 넘었다(「1947년」)는 평안북도 강계(江界)에서 태어난 1942년생 시인의 어린 시절이 떠오른다. 사실 '황태'의 운명은 시인만이 아니라, 이 땅에서 인간이 겪어야 할 무저갱의 삶이 그러할 것이다. 반대로 어설피 살아오지 않고 온갖 수난을 겪었기에 노년이란 이름은 무거운 훈장이 아니던가.

시인의 삶은 그야말로 으깨진 황태 신세와 비슷하다. 게다가 그는 외기러기 입장이다. 고흐의 구두를 볼 때 농촌 아낙네가 진흙벌에서 저 군화 같은 구두를 신고 둔하게 걷는 장면이 떠오른다면, 「황태」는 모진 세월의 고통을 겪어온 시인의 삶을 떠올리게 한다. 이 시를 읽으며 황태의 고난을 겪는 시인의 존재적 고민을 만날 때 우리는 감동을 얻는다.

아침 햇살이 비껴도
내겐 빛조차 끄느름하다
마음에 밀려오는 이 우울함

주말의 늦은 아침
빵 한 조각에 적셔진 눈물을 삼킨다

그녀와 나
함께 했던 아침 식사가 언제였던가

이제 그걸 꼽아 뭣하랴만

아, 외기러기에겐 낙원이 없구나

- 「외기러기에겐 낙원이 없구나」 전문

이 시에는 홀로 사는 외기러기의 쓸쓸함이 담겨 있다. "아침 햇살이 비껴도 / 내겐 빛조차 끄느름하다"는 2행에서 시인의 외로움은 싸늘하게 다가온다. '끄느름하다'는 형용사에서 시적 절제가 느껴진다. 끄느름하다는 의미는 날이 흐리어 침침하다, 혹은 햇빛이나 장작불 따위가 약하다는 뜻이다. 부박한 삶의 가지 끝에서 침침하고 꺼져가는 열정을 2행은 절박하게 표현한다. 평일도 아니고 쉬는 시간이 행복해야 할 주말에 시인은 "빵 한 조각에 적셔진 눈물을" 삼켜가며 외로움과 애수가 서린 아픔을 토해낸다. 마지막 한 행 바로 위에 빈 공간에 괴이쩍고 군색한 정적이 놓여 있다.

겉으로 보면 한국과 독일에서 공부한 최고의 지식인이기에 아무 걱정이 없을 거 같지만, 시인이 스스로 존재와 삶을 펼쳐 보일 때 독자는 시큰해진다. 한숭홍 시집이 개인의 회한만을 시에 담은 것은 아니다. 평생 신학과 철학을 연구해온 학자의 지성이 시로 표현된 진경(珍景)도 보인다.

시간이 공간 속에서 시간화되면
남겨놓은 흔적은 역사가 된다

역사는 해석으로 성을 쌓고
그 속을 신화로 꾸며놓는다

공간이 시간 속에서 공간화되면
남겨놓은 흔적은 사실이 된다
사실은 현상으로 집을 짓고
그 속을 실체로 꾸며놓는다

시간과 공간의 관계 사이에서
인간은 던져진 주사위일 뿐
누구의 손에 주사위가 들려있는지
아무도 그 손을 본 사람이 없다

- 「던져진 주사위」 전문

객관적인 역사란 이 세상에 없다. 시간화 된 흔적이 역사가 되지만 "역사는 해석으로 성을 쌓고 / 그 속을 신화로 꾸며놓는다." 과거의 사실을 신화로 만들어, 사실로 굳혀 버리고, 그 속에 실체를 꾸며놓는다. 경험주의적인 심리학적 비평에 반대하고 집단적이며 사색적인 신화문학론(神話文學論)을 주장한 문학평론가 노드럽 프라이는 작품 구조만을 연구하는 뉴 크리티시즘(new criticism)에도 반대한다. 사실로 알려진 역사의 껍데기를 걷어내고, 만들어진 신화 속에 갇힌 궁극적 알짬을 찾기란 쉽지 않다.

시인은 여기서 한발 더 나아간다. "인간은 던져진 주사위일 뿐"이라고 규정한다. 인간의 삶을 매일매일 주사위를 던지는 삶이다. 인간은 매일 알지 못할 우연성

속에서 살아간다. 마치 무엇이 나올지 모를 주사위를 각오하고 살아간다. 니체는 그 우연성을 즐기며 살아갈 것은 제안한다. 한편 한승홍 시인은 "누구의 손에 주사위가 들려있는지 / 아무도 그 손을 본 사람이 없다"며 신학적 사유를 곁들인다.

시인의 시간관은 삶 속에 죽음이 있으며, 영원성 위에 점 하나로 '지금-여기'가 있다. 그래서 "어제에 감치인 지금"은 "지금에 담겨진 어제"이며 "자아를 초월한 영겁"이다. 곧 "시공이 하나 된 양태"로 살아가는 저자는 현재에서 영원을 살고 있다.

엄마 가슴에 붙어 젖과 꿀을 빨다
만나로 배를 채우던 즈음
엄마 얼굴을 알아볼 수 있게 되면서
세상의 온갖 것이 나를 채워왔다

어머니라는 뜨거운 불덩이
어머니라는 본능적 인력(引力)
신적 사랑도 뛰어넘는 사랑
어머니는 내겐 천국이었다

어머니!
나를 존재 그 자체의 존재로
당신의 진액을 섞어 빚은 창조주
가나안의 복지 너른 초원이여

– 「아직도 젖과 꿀은 흐르고 있다」 전문

이 시에는 성서적 상징과 구절이 인유(引喩)되어 있다. 어머니를 만나, 신적 사랑, 천국, 창조주, 가나안의 복지, 너른 초원 등의 성경 언어에 비유한다. 어설픈 너스레 없이 성서적 상상력이 어머니라는 존재와 이어져 있다. 이 시에 이르러 한승홍 시인이 아차산 기슭에 있는 장로회신학대학교에서 27년간 가르친 교수였다는 사실이 불현듯 떠오른다. 이 시에서 어머니는 단순한 회상의 대상이 아니라, 수천 년 동안 축적된 성서적 영성으로 승화된다.

사실 성경은 거대한 인문학의 상징을 품고 있다. 노드롭 프라이는 성경을 "실제적으로 한 권의 책이라기보다는 오히려 작은 규모의 도서관"이라고 평한다.

우리가 기대했던 대로 결국 성서는 모든 문학적 기준에서 벗어나 있다. 키르케고르가 말했듯이, 사도(使徒)는 문학적인 재능을 가진 천재가 아니다. '천재'라는 단어가 이 경우에 적합한 단어라는 것은 결코 아니다. (…….) 아무도 "성서는 문학 작품이다"라고 말하려 하지 않는다. 종교와 인간의 창조력을 동일시하는 데 있어 그의 시대 어느 누구보다도 크게 공헌했던 블레이크조차도 성서를 그렇게 부르지 않았다. 그는 "신구약성서는 예술의 대법전"이라고 말했다.(노드롭 프라이, 『성서와 문학』, 숭실대학교 출판부, 1993)

노드롭 프라이는 "성경은 예술의 대법전"이라고 정의한다. 성경을 영적으로 독해하면, 복음의 선포(kerygma)이지만, 문학적인 눈으로 차분히 대하면 예술의 종합판이라는 말이다.

성서적 사유의 정점에 "머리에 가시관 씌워진 예수의 얼굴"이라는 갈보리 예수가 있다. 다음 시에서는 갈릴리 대신 쪽방촌에서 함께하는 예수의 현실이 보인다.

캐럴이 메들리로 이어진다
무거운 무엇이 내 마음을 누른다
쪽방촌에도
내일이 없는 사람들에게도
절망의 순간을 이어가는 이웃에도
성탄 종이 울리려나

예수의 탄생
우리 죄를 대속하러 오신 예수
죽음이 예정된 메시아
이날을 환락에 취해 맞아야 하나
오색 빛 영롱이는 성탄의 불빛
말구유의 등잔은 어디에 있나

- 「말구유의 등잔」 전문

예수가 탄생한 날을 "환락에 취해 맞아야"하는지 시인은 묻는다. "말구유의 등잔은 어디에 있나"라는 물음에 대한 답은 1연에 쓰여 있다. "쪽방촌에도 / 내일이 없는 사람들에게도 / 절망의 순간을 이어가는 이웃에도 / 성탄 종이 울리려나"라는 구절은 고흐의 구두에서 느끼는 존재의 무게를 느끼게 한다.

신학과 철학을 평생 연구해온 한승홍 시인이 은퇴하

면서 시를 만난 것일까. 아니다. “나, 사색 속에서 헤매일 때 / 바람은 나의 얼굴을 싸늘하게 선득인다 / 그리고 슬픔은 더 억제될 수 없다”라며 시인은 1962년 10월 15일 『연세춘추』 에 이 시를 발표한 적이 있다. ‘선득이다’는 갑자기 서늘한 느낌이 든다는 뜻이다. 대학 시절 이후에도 그는 평생 서늘한 바람을 마주하며 살아왔으리라. 그의 인생 순간순간에 선득이며 나타난 바람이 바로 시(詩)일 것이다. 그는 은퇴하고 시를 만난 것이 아니라, 젊은 시절 영혼의 벗이었던 시를 더 억제할 수 없어 다시 만난 것이다.

시간의 흐름을 거슬러 가며 삶을 새롭게 응시하려면 확고한 세계관을 갖고 있어야 한다. 특히 문학의 경우에는 시성이 지금 이곳에서도 일관된 표상으로 드러나야 할 것이다.

한승홍 시인은 대학 1학년 때부터 많은 시를 썼다고 자신의 회고록 (「시간의 여행(6)」, Christian World Review, 2019,10.8. 『시간의 여행』, 동연, 2020)에서 밝히고 있다. 오랫동안 써두었던 시편들과 차간(此間)의 작품들을 노년에 발표했는데, 그렇다고 그의 시문학을 ‘실버문학’으로 단정하거나 그 울타리 안에 가둘 수는 없다.

허허로운 존재의 진실을 보여주는 한승홍 시인의 폭발적인 시 정신은 단순하지 않고 치열하다. 검박한 일상 언어로 간절하게 글을 새기는 치열(熾熱)로 시인은 존재의 밑바닥, 그 소량의 고독과 비애와 극복을 펼쳐 보인다. 바로 그 지점이 독자의 몸과 영혼 어딘가를 건드리는 잔잔한 물너울이다.

한승홍 6시집
툴라의 머리카락

초판인쇄일 2022년 6월 20일
초판발행일 2022년 6월 24일

지은이 : 한승홍
발행인 : 김순진
편집장 : 전하라
디자인 : 김초롱
펴낸곳 : 도서출판 문학공원
등 록 : 2004년 3월 9일 제6-706호
주 소 : 우편번호 03382 서울 은평구 통일로 633
녹번오피스텔 501호 스토리문학사
전 화 : 02-2234-1666
팩 스 : 02-2236-1666
홈페이지 : http://www.munhakpark.com/
이메일 : 4615562@hanmail.net

※ 책값은 뒤표지에 있습니다.